（宋）蘇軾 撰

明成化本東坡七集

第一四册

國家圖書館出版社

第一四册目録

東坡後集二十卷（卷第十七—二十）

重刊明成化本東坡七集

東坡後集卷第十七

墓誌

張文定公墓誌銘

仁宗皇帝在位四十二年蒐攬天下豪傑不可勝數既自以爲股肱心膂敬用其言以致太平而其任重道遠者又留以爲三世子孫百年之用至于今賴之孔子曰惟天爲大惟堯則之天下未甞一日無士而仁宗之世獨爲多士者以其大也賈誼歎細德之嶮微知鳳鳥之不下閡溝瀆之尋常知吞舟之不容傷時無是大者以容己也故甞竊論之天下大器也非

力兼萬人其孰能舉之非 仁宗之大其孰能容此
萬人之英乎蓋即位八年而以制策取士一舉而得
富弼再舉而得公公姓張氏諱方平字安道其先宋
人也後徙揚州高祖克唐末為亳州刺史曾祖文熈
亳州軍事推官贈太師娶蘇氏追封武功郡太夫人
祖嶠以進士及第 太宗嘗召對選知鄆州賜親扎
給全俸終於尚書都官員外郎娶劉氏追封沛國太
夫人考堯卿生而端黙寡言有出世間意以父命勉
娶非其意也父沒遂居一室家人莫得見其面者十
有七年與祖考皆贈太師開府儀同三司皆封魏國

公娶嵇氏追封譙國太夫人公年十三入應天府學穎悟絶人家貧無書嘗就人借三史旬日輒歸之曰吾已得其詳矣凡書皆一閱終身不再讀屬文未嘗起草宋綬蔡齊見之曰天下奇材也與范諷皆以茂材異等薦之以景祐元年中選授校書郎知崑山縣蔣堂爲蘇州得公所著芻蕘論五十篇上之以賢良方正能直言極諫薦公射策優等遷著作佐郎通判睦州時趙元昊欲叛而未有以發則爲嫚書求大名以怒朝廷規得譴絶以激使其衆公以謂朝廷自景德以來既與契丹盟天下忘備將不知兵士不知戰

民不知勞蓋三十年矣若驟用之必有喪師蹶將之
憂兵連民疲必有盜賊意外之患當含垢匿瑕順適
其意使未有以發得歲月之頃以其間選將厲士堅
城除器為不可勝以待之雖元昊終於必叛而兵出
無名吏士不直其上難以決勝小國用兵三年而不
見勝負不折則破我以全制其後必勝之道也是時
士大夫見天下全盛而元昊小醜皆欲發兵誅之惟
公與吳育同議議者不深察以二人之論為出於姑
息遂決用兵天下騷動公獻平戎十策大略以邊城
千里我分而賊專雖屯兵數十萬然賊至常以一擊

十必敗之道也既敗而圖之則老師費財不可為已宜及民力之完屯重兵河東示以形勢賊入寇必自延渭而興州巢穴之守必虛我師自麟府渡河不十日可至此所謂攻其所必救形格勢禁之道也宰相呂夷簡見之謂宋綬曰君能為國得人矣然不果用其策召對賜五品服直集賢院遷太常丞知諫院首論祖宗以來雖分中書樞密院而　三聖英武獨運斷歸于一今陛下謙德仰成二府不可以不合

仁宗嘉之會富弼亦論此遂命宰相兼樞密使方元昊之叛也禁兵皆西而諸路守兵多揀赴闕郡縣無

備命調額外弓手公在睦州條上利害八事及是有
旨遣使於陝西河東京西四路刺弓手為宣毅保捷
指揮公連上疏爭之甚力不從宣毅十四萬人保捷
九萬人皆市人不可用而宣毅驕甚所在為寇自是
民力大困國用一空識者以不從公言為恨時夏竦
并護四路劉平石元孫任福之敗皆貶主帥而竦獨
不問賊圍麟府詔竦出兵牽制竦逗遛不出使賊平
豐州夷靈遠而去公極言之　詔罷竦節制自是
四路各得專達人人自効邊備修完賊至無所得及
慶曆元年西方用兵蓋六年矣　上既厭兵而賊

亦困弊不得耕牧休息厲中疋布至十餘千元昊欲
自通其道無由公慨然上疏曰　陛下猶天地父
母也豈與此犬豕豺狼較勝負乎願因今歲郊赦引
咎示信開其自新之路申敕邊吏勿絶其善意若猶
不悛亦足以怒我而怠彼雖天地鬼神必將誅之
仁宗喜曰是吾心也命公以疏付中書呂夷簡讀之
拱手曰公之及此是社稷之福也是歲赦書開諭如
公意明年元昊始請降自元昊叛公謀無遺策雖不
盡用然西師解嚴公有力焉修起居注假起居舍人
知制誥使契丹戎主雅聞公名與其母后族人徽行

觀公於范陽門外及燕親詣前酌玉巵以飲公顧左
右曰有臣如此佳哉騎而擊毬于公前以其所乘馬
賜公朝廷知之自是虜使挾事至者輒命公館之尋
召試知制誥遷右正言賜三品服誥命簡嚴四方誦
之兼史館修撰章得象監國史以日曆自乾興至慶
曆廢不修以屬公於是粲然復完權知開封府府事
至繁為尹者皆書板以記事公獨不用默記數百人
以次決遣不遺毫釐吏民大驚以為神不敢復欺拜
翰林學士領羣牧使牧事久不治公始整齊之元昊
遣使求通已在境上而契丹與元昊搆隙使來約我

請拒絕其使時議者欲遂納元昊故為荅書曰元昊若盡如約束則理難拒絕　仁宗以書示公與宋祁公上議曰書詞如此是拒契丹而納元昊得新附之小羌失久和之強虜也若巳封冊元昊而契丹之使再至能終不聽乎若不聽契丹之怨必自是始聽而絕之則中國無復信義永斷招懷之理矣是一舉而失二虜也宜賜元昊詔曰朝廷納卿誠款本緣契丹之請今聞卿招誘契丹邊戶失舅甥之歡契丹遣使為言卿宜審處其事但嫌隙朝除則封冊暮行矣如此於西北為兩得時人伏其精識拜諫議大夫為御

史中丞中外之事知無不言至於宮妾宦官濫恩横
賜皆力爭裁抑之尋知貢舉士方以游詞嶮語為高
公上疏以謂文章之變實關盛衰不可長也詔以公
言曉諭學者宰相賈昌朝與參知政事吳育忿爭
上前公將對昌朝使人約公當以代育公怒叱遣曰
此言何為至於我哉既對極論二人邪正曲直然育
卒罷高若訥代之時當郊而費用未具中外以為憂
宰相欲以是危公復拜翰林學士為三司使公領使
未幾以辦聞　仁宗大喜至于今計司先郊告辦
蓋自公始前三司使王拱辰請榷河北鹽既立法矣

而未下公見上問曰河北再榷鹽何也　仁宗驚
曰始立法非再也公曰周世宗榷河北鹽犯輒處死
世宗北伐父老遮道泣訴願以鹽課均之兩稅錢而
弛其禁世宗許之今兩稅鹽錢是也豈非再榷乎且
今未榷也而契丹常盜販不已若榷之則鹽貴虜鹽
益售是為我斂怨而虜獲福乎虜鹽滋多非用兵莫
能禁也邊隙一開所獲利能補用兵之費乎　仁
宗大悟曰卿與宰相立罷之公曰法雖未下民已户
知之當直以手詔罷不可自有司出也　仁宗大
喜命公密撰手詔下之河朔父老相率拜迎于澶州

為佛老會七日以報　上恩且刻詔書北京至今
父老過其下必稽首流涕南京鴻慶宮成奉安三聖
像當遣柄臣特命公為禮儀使鄉黨榮之　仁宗
遂欲用公而公以目疾求去甚力乃加端明殿學士
歸院判尚書都省兼領銀臺司審刑院太常寺事慶
曆中衛士夜逾宮垣為變　仁宗旦語二府以貴
妃張氏有扈蹕之功樞密使夏竦倡言宜講求所以
尊異貴妃之禮宰相陳執中不知所為公見執中言
漢馮婕妤身當猛獸不聞有所尊異且皇后在尊貴
妃古無是禮若果行之天下謗議必大萃於公終身

不可雪也執中聳然敬從公言而罷修宗正寺玉牒
補綴失亡爲書數百卷自陝右用兵公私困乏士大
夫爭言豐財省費之道然多不得其要公自爲諫官
御史中丞三司使皆爲上精言之一日　仁宗御
資政殿召兩府侍從賜坐手詔問天下事公退直禁
林是日有旨鎖院公既草制書又條對所問數千言
夜半與制書皆上　仁宗驚異又手詔獨策公明
日復出數千言大略以謂　太祖定天下用兵不
過十五萬今百餘萬而更言不足自祥符以來萬事
墮弛務爲姑息漸失　祖宗之舊取士任子磨勘

遷補之法既壞而任將養兵皆非舊律國用既窘則政出一切大商姦民乘隙射利而茶鹽香礬之法亂矣此治亂盛衰之本不可以不急治公既明習歷代損益又周知祖宗法度悉陳其本末贏虛所以然之狀及當今所宜救治施行之略而其末乃論古今治亂在上下離合之間比年已來朝廷頗引輕嶮之人布之言路違道干譽利口爲賢内則臺諫外則監司下至胥吏僮奴皆可以搆危其上自將相公卿宿貴之人皆爭屈體以收禮後輩有不然者則謗毁隨之惴惴焉惟恐不免何暇展布心體爲國立事哉此風

不革天下無時而治也上益異之書文儒二字以賜
月餘御迎陽門召兩制近侍復賜問目曰朕之闕失
國之姦蠹朝之憸諛皆直言其狀獨引公近御榻密
訪之且有大用語公歎曰暴人之私迫人於險而攘
之我不為也終無所言公既剛簡自信不卹毀譽故
小人思有以中之會三司判官楊儀以請求得罪公
坐與儀厚善遂罷職出知滁州不數月上悟還端明
殿學士知江寧府明年加龍圖閣學士遷給事中知
杭州公平生學道虛一而靜故所至皆不言而治既
去人必思之自杭丁太夫人憂服除以舊職還朝判

流内銓建言畿内税重非所以示天下是歲郊赦减
畿内税三分之一遂為定制秦州叛羌斷古渭路帥張昪
發兵討賊而副揔管劉渙不受命皆罷之拜公侍讀
學士知秦州公力詞不拜曰渙與昪有階級今互言
而兩罷帥不可為也昪以故得不罷以公為禮部侍
郎知滑州改戸部侍郎移鎮西蜀始李順以甲午歲
叛蜀人記之至是方以為憂而轉運使攝守事西南
夷有邛部川首領者妄言蠻賊儂智高在南詔欲來
寇蜀攝守妄人也聞之大驚移兵屯邊郡益調額外
弓手發民築城日夜不得休息民大驚擾爭遷居城

中男女昏會不復以年賤粥穀帛市金銀埋之地中
朝廷聞之發陝西步騎戍蜀兵仗絡繹相望於道詔
促公行且許以便宜從事公言南詔去蜀二千餘里
道嶮不通其間皆雜種不相役屬安能舉大兵為智
高寇我哉此必妄也臣當以靜鎮之道遇戍卒兵仗
輒遣還入境下令邛部川曰寇來吾自當之妄言者
斬悉歸屯邊兵散遣弓手罷築城之役會上元觀燈
城門皆通夕不閉蜀遂大安已而得邛部川之譯人
始為此謀者斬之梟首境上而配流其餘黨於湖南
西南夷大震先是朝廷獲智高母子留不殺欲以招

智高至是乃伏法復以三司使召還奏罷蜀橫賦四
十萬減鑄鐵錢十餘萬蜀人至今紀之初主計京師
有三年粮而馬粟倍之至是馬粟僅足一歲而粮亦
減半因建言今之京師古所謂陳留天下四通五達
之郊非如雍洛有山河形勝足恃也特依重兵以立
國耳兵恃食食恃漕運汴河控引江淮利盡南海天
聖以前歲發民浚之故河行地中有張君平者以疏
導京東積水始輟用汴夫其後淺妄者爭以裁減費
役為功河日以堙塞今仰而望河非祖宗之舊也遂
畫漕運十四策宰相富弼讀公奏上前晝漏盡十刻

侍衛皆跛倚　仁宗太息稱善弼曰此國計大本
非常奏也悉如所啓施行退謂公曰自慶曆以來公
論食貨詳矣朝廷每有所損益必以公奏為議本凡
除主計未嘗敢先公也其後未朞年而京師有五年
之蓄遷吏部侍郎復以目疾請郡遷尚書左丞知南
京未幾以工部尚書知秦州時亮祚方驕僭閱士馬
築堡篳築城之西壓秦境上屬戸皆逃匿山林公即
料簡將士聲言出塞實按軍不動賊既不至言者因
論公無賊而輕舉宰相曾公亮昌言於朝曰兵不出
塞何名為輕舉張公豈輕者哉賊所以不至者以有

備故也有備而賊不至則以輕舉罪之邊臣自是不
敢為先事之備也議者乃服初命公秦州有旨再任
當除宣徽使議者欲以是沮撓之公笑曰吾於死生
禍福未嘗擇也宣徽使於我何有哉力請解復知南
京封清河郡公　英宗即位遷禮部尚書知陳州
過都留判尚書都省請知鄆州陛辭論天下事
英宗歎曰學士其可以去朝廷哉公力請行加侍讀
學士徙定州乞歸養改徐州　英宗屢欲召還而
左右無助公者一日謂執政曰吾在藩邸時見其芻
蕘論及所對策近者代言之臣未嘗副吾意若使居

典誥之任亦國華也執政乃始奉詔拜翰林學士承
旨問治道體要公以簡易誠明為對言近而指遠不
覺前席曰吾昔奉朝請望侍從大臣以謂皆天下選
人今乃不然聞學士之言始知有人矣胡宿罷樞密
副使上欲以公代之而執政請用郭逵　英宗以
語公公曰自慶曆以後擢任二府必參之中書臣知
事君而已遷刑部尚書　英宗不豫學士王珪當
直不召召公赴福寧殿上憑几不言賜公坐出書一
幅八字曰來日降詔立皇太子公抗聲曰必潁王也
嫡長而賢請書其名上力疾書以付公公既草制尋

充冊立皇太子禮儀使　神宗即位召見側門公
曰　仁宗崩厚葬過禮公私騷然請損之上曰奉
先可損乎公曰遺制固云以先志行之天子之孝也
上歎曰是吾心也公又奏百官遷秩恩已過厚若錫
賚復用嘉祐近比恐國力不能支乞追用乾興例足
矣從之省費十七八遷户部尚書御史中丞王陶擊
宰相參知政事吴奎與之辨上欲罷奎公適對上曰
奎罷當以卿代公力辭上曰卿歷三朝無所阿附左
右莫為先容可謂獨立傑出矣　先帝已欲用卿
今復何辭公曰韓琦久在告意保全奎奎免必不復

起琦勲在王室願陛下復奎位手詔諭琦以全始終之分上嗟歎久之繼出小紙曰奎位執政而擊中司謂朕手詔為内批持之三日不下不去可乎公復論如初上從之賜琦詔如公言久之琦求去堅甚夜召公議公復申前論上曰琦志不可奪也公遂建議宜寵以兩鎮節鉞且虛府以示復用從之面命公為叅知政事以親疾辭上曰受命以慰親意庶有瘳也是夕復召知制誥鄭獬内東門別殿諭以用公意制詞皆出上旨制出公以親疾在告召對押赴中書御史中丞缺曾公亮欲用王安石公極論安石不可用不

數日魏公捐館上歎息不已命近璫及內司賓存問
日至虛位以待公尋詔起復四上章乃免服除以安
石不悅拜觀文殿學士留守西京入覲請南京留臺
上欲以爲宣徽使修國史不可則欲以爲提舉集禧
觀判都省所以留公者百方公皆力詞遂知陳州時
方置條例司行新法大率欲豐財而強兵公因陛辭
極論其害皆深言危語曰水所以載舟亦所以覆舟
兵猶火也不戢當自焚若行新法不已其極必有覆
舟自焚之憂上雅敬公不甚其言曰能復少留乎公
曰退即行矣上亦悵然至陳陝西方用兵卒叛慶州

聲搖關輔京西漕檄捕盜官以兵會所屬州白刃横
野民大惶駭公收其檄不行而奏之上謂執政曰守
臣不當爾耶臨事乃見人詔京西兵各歸其舊吏方
以苛察為能小不中意輒置司推治一州至數獄追
逮數千里死者甚衆公以事聞詔立條約下諸路時
監司皆新進趨時興利長吏初不與聞公曰吾衰矣
雅不能事人歸歟以全吾志即力請留臺而歸未幾
復知陳州暇日坐西軒聞外板築喧甚曰民築嘉應
侯張太尉廟公曰巢賊亂天下趙犨以孤城力戰保
此邦捍大患者也此而不祀張侯何為者哉命夷其

廟立趙侯祠佛舍中未幾改南京且命入覲不待次對前殿曰　先帝嘗言卿不立交黨退朝掩關終日無一客命坐賜茶尋拜宣徽北院使檢校太尉判應天府公曰宣徽使非寄任不除臣求鄉郡自便而得之恐啓僥倖路上曰朕未之思改判青州告免延和殿賜坐問　祖宗禦戎之策孰長公曰　太祖不勤遠略如夏州李彝興靈武馮暉河西折御卿皆因其酋豪許以世襲故邊圉無事董遵誨捍環州郭進守西山李漢超保關南皆十餘年優其祿賜寬其文法而少遣兵諸將財力豐而威令行間諜精審

吏士用命賊所入輙先知併兵禦之戰無不克故以十五萬人而獲百萬之用終　太祖之世邊鄙不聳天下安樂及　太宗平并州欲遂取燕薊自是歲有契丹之虞曹彬劉廷讓傅潛等數十戰各亡士卒十餘萬又内徙李彞興馮暉之族繼遷之變三邊皆擾而朝廷始旰食矣　真宗之禮趙德明納款及澶淵之克遂與契丹盟至今人不識兵革可謂盛德大業　祖宗之事大略如此亦可以鑒矣近歲邊臣建開拓之議皆行險僥倖之人欲以天下安危試之一擲事成則身蒙其利不成則陛下任其患不

可聽也上曰慶曆以來卿知之乎元昊初臣何以待
之公曰臣時為學士嘗詔封冊皆臣所草具言本末
上驚曰爾時已為學士可謂舊德矣時契丹遣泛使
蕭禧來上問虜意安在公曰虜自與中國通好安於
豢養吏士驕惰實不欲用兵昔蕭英劉六符來
仁宗命二府置酒殿廬與語英頗泄其情六符色目
之英歸竟以此得罪今禧黠虜顧如故事令大臣與
議無屈帝尊與虜交口上曰朕念慶曆再和之後中
國不復為善後之備故修戎事為應兵耳公曰應兵
者兵禍之已成者也消變於未成善之善者也公每

辭去上輙遷延之三易其期遂詔公歸院供職蕭禧至以河東疆事為辭上復以問公公曰嘉祐二年虜使蕭扈嘗言之朝廷討論之詳矣命館伴王洙詰之扈不能對録其條目付扈以歸因以稾上之禧當辭偃蹇卧驛中不起執政未知為言公班次二府因朝謂樞密使吴充曰禧不即行使主者日致饋而勿問且使邊吏以其故檄虜中可也充啓用其説禧即日行除中太一宮使進對禮秩凡皆與執政同公在朝雖不任職然多建明上數欲廢易汴渠公曰此

祖宗建國之本不可輕議餉道一艘兵安所仰食則

朝廷無置足之地矣非老臣誰敢言此自王安石為
政始罷銅禁姦民日銷錢為器邊關海舶不復譏錢
之出故中國錢日耗而西南北三虜皆山積公極論
其害請詰問安石舉累朝之令典所以保國便民者
一旦削而除之其意安在有星孛于軫詔求直言公
上疏論所以致變之故人皆為恐慄上皆優容之求
去愈力上曰卿在朝豈有所好惡者歟何欲去之速
也公曰臣平生未嘗與人交惡但欲歸老耳上知不
可留乃以為宣徽南院使檢校太傅判應天府上曰
朕初欲卿與韓絳共事而卿論政不同又欲除樞密

使而卿論兵復異卿受　先帝末命卒無以副朕
意乎因泣然泣下賜帶如嘗任宰相者高麗使過南
京長吏當送迎公言臣班視二府不可為陪臣屈詔
獨遣少尹使者見公恐慄不敢仰視師征安南公以
謂舉西北壯士從馬棄之南方其患有不可勝言者
若社稷之福則老師費財無功而還因論交阯氣俗
與諸夷不類自建隆以來吴昌文丁部黎桓李公緼
四易姓矣皆以大校簒立有唐末五代藩鎮傾奪之
風此可以計破者也遂條上九事習知蠻事者皆服
其精鍊師還如公言新法既粥坊場河渡司農又并

祠廟粥之官既得錢聽民為賈尾廟中邊侮穢踐無所不至公言宋王業所基也而以火王閼伯封於商丘以主大火微子為宋始封二祠者獨不可免於鬻乎上震怒批出曰慢神辱國理甚於斯於是天下祠廟皆不得鬻公自念將老無以報上論事益切至於論兵起獄尤為反復深言曰老臣且死見　先帝地下有以藉口矣上為感動至永樂之敗頗思其言公請老不已拜東太一宫使就第章數十上拜太子少師以宣徽使致仕官制行罷宣徽院獨命公領使如舊　今上即位執政輒罷公使以太子太保致

仕元祐六年詔復置宣徽使乃命公復南院章四上
不拜璽書嘉之以其年十二月二日薨享年八十五
訃聞輟視朝一日特贈司空制服苑中官其親屬五
人　太皇太后對輔臣嗟歎其忠正公遺令不請謚
尚書右丞蘇轍為請詔有司議謚曰文定娶馬氏太
常少卿絳之女追封永嘉郡夫人四子邦彥大理評
事邦直邦傑太常寺太祝皆先公卒恕今為右朝散
郎通判應天府信厚敦敏篤學朝廷數欲用之以公
老不忍去左右詔聽之三女長適殿中丞蔡天申次
適右朝奉郎王鞏其季已嫁而復歸孫男四人欽咨

欽亮欽弼欽憲孫女三人並幼公晚日謂樂全居士有樂全集四十卷玉堂集二十卷注　仁宗樂書一卷　神宗嘗賜親扎曰卿文章典雅煥然有三代之風書之典誥無以加焉西漢所不及也所與交者范仲淹吳育宋祁三人皆敬憚之曰不動如山安道有焉晚與軾先大夫游論古今治亂及一時人物皆不謀而同軾與弟轍以是皆得出入門下軾嘗論次其文曰孔北海志大而論高功烈不見於世然英偉豪傑之氣自為一時所宗其論盛孝章郗鴻豫書慨然有烈丈夫之風諸葛孔明不以文章自名而開物成

務之姿總練名實之意自見於言語至出師表簡而
盡直而不肆大哉言乎與伊訓説命相表裏非秦漢
已來以事君為説者所能至也常恨二人之文不見
其全公其庶幾乎烏乎士不以天下之重自任久矣
言語非不工也政事文學非不敏且愽也然至於臨
大事鮮不忘其故失其守者其器小也公為布衣則
頎然已有公輔之望自少出仕至老而歸未甞以言
徇物以色假人雖對人主必同而後言毀譽不動得
喪若一眞孔子所謂大臣以道事君者世遠道散雖
志士仁人或少貶以求用公獨以邁往之氣行正大

之言曰用之則行捨之則藏上不求合於人主故雖
貴而不用用而不盡下不求合於士大夫故悦公者
寡不悦公者衆然至言天下偉人則必以公為首世
以軾為知言公始為諫官薦劉夔王質自代即日擢
用及貝州軍叛上欲遣公出征舉明鎬自代即以為
將而貝州平熙寧中軾將徃見公於陳宰相曾公亮
謂軾曰吾受知張公所以至此者公恩也軾以問公
公悵然久之曰吾宻薦公亮人無知者豈　仁宗
以語之乎軾以是知公雖不偶於世而人主信之蓋
如此公性與道合得佛老之妙屬纊之日凛然如平

生有星隕於北牖及薨赤氣自寢而升里人望驚焉以七年八月九日庚申葬于宋城縣永安鄉仁孝里其子恕使以王鞏之狀來求銘銘曰

大道之行士貴其身維人求我匪我求人秦漢以來士賤君肆庳庳僕臣以得為喜功利之趍謗毀是逃我觀其身夏畦之勞紛紜叢脞千載一律帝閔下俗異人乃出是生我公龍章鳳姿翔于千仞世挽留之浩然直前有礙則止放為江河匯為沼沚穆穆三聖如天如淵前席惟誼見黜必冠豈不用公道有不契出其緒餘則已驚世公之所能我不敢知乘雲馭風

與汁漫期噫天何時復生此傑我作銘詩以詔王國

東坡後集卷第十七

東坡後集卷第十八

墓誌銘

故龍圖閣學士滕公墓誌銘一首

王子立墓誌銘一首

寶月大師塔銘一首

陸道士墓誌銘一首

惠州官葬暴骨銘

神道碑

趙康靖公神道碑一首

墓誌銘

故龍圖閣學士滕公墓誌銘一首（代張文定公作）

神宗英文烈武聖孝皇帝初臨海內厲精爲治旁求天下以出異人得英偉大度之士滕公元發始見知于英祖而未及用書其姓名藏于禁中帝以是知之旣見公姿度雄爽問天下所以治亂不思而對曰治亂之道如黑白東西所以變色易位者朋黨亂之也帝曰卿知君子小人之黨乎公曰君子無黨譬之草木綢繆相附者必蔓草非松柏也朝廷無朋黨雖中主可以濟不然雖上聖不治帝太息曰天下名言也遂以右正言知制誥諫院開封府拜御史中丞翰

林學士且大用矣而公性疎達不疑在帝前論事如家人父子言無文飾洞見肝鬲帝知其誠盡事無鉅細人無親疎輙以問公或中夜降手詔使者旁午公隨事解荅不自嫌外而執政方立新法天下洶洶恐公有言而帝信之故相與造事謗公帝雖不疑然亦出公于外以翰林侍讀學士知鄆州移定與青留守南都徙齊鄧二州用公之意蓋未衰也而公之妻黨有犯法至大不道者小人因是出力擠公必欲殺之帝知其無罪落職知池州徙蔡未行改安州既罷入朝未對而左右不悅者又中以飛語復貶筠州士大

夫為公危慄或以為且有後命公談笑自若曰天知
吾直　上知吾忠吾何憂哉乃上書自明帝覽之釋
然即以為湖州方且復用而帝升遐公讀遺詔僵仆
頓絶久之乃蘇曰已矣吾無所自盡矣今上即位徙
公為蘇揚二州除公龍圖閣直學士復以為鄆州徙
眞定河東治邊凛然威行西北號稱名將而宦官為
走馬者誣公病不任職詔徙許州御史論公守邊奇
偉之狀且言其不病詔復留河東而公已老蓋年七
十有一矣即力求淮南上不得已乃以龍圖閣學士
知揚州未至而薨蓋元祐五年十月二十四日也方

平歷事三宗逮與天聖景祐間賢公卿遊公雖爲晚
進而開濟之資邁往之氣蓋有前人風度以先帝神
武英斷知公如此而終不大用每進小人輙譏之公
甞上章自訟有曰樂羊無功謗書滿篋即墨何罪毀
言日聞天下聞而悲之嗚呼命也夫公諱甫字元發
其後避高魯王諱以字爲名而字達道東陽人也滕
氏出周文王之子錯封於滕所謂滕叔繡者十一代
祖令琮爲唐國子司業令琮生太常博士翼翼生贈
户部侍郎伉伉生贈禮部侍郎藎藎生户部尚書贈
右僕射珣珣生太中大夫睦州刺使邁邁生越州觀

察推官綳綳生祠部郎中文規文規生公之曾祖諱
仁俊爲温州永嘉令祖諱鑒不仕皇考諱髙贈中大
夫曾祖母祖母皆范氏繼祖母陳氏皇妣王氏追封
太原郡君生公之夕夢虎行月中而墮其室九歲能
賦敏捷過人范希文皇考舅也見公而奇之教以爲
文希文爲蘇州而安定胡先生瑗居于蘇公徙從之
門人以千數第其文公常爲首嘗舉進士試于庭宋
子京奇其文擢爲第三人而以聲韻不中法罷之其
後八年復中第第三授大理評事通判湖州時孫元
規守錢塘一見公曰名臣也後當爲賢將授以治劉

守邊之要召試學士院充集賢校理判吏部南曹除
開封府推官三司鹽鐵户部判官同修起居注判户
部勾院公在館閣未嘗就第見執政故宰相不悅不
遷者十年既遇知 神宗為諫官知無不言然御史
中丞王陶論宰相不押班為跋扈上以問公公曰宰
相固有罪然以為跋扈則臣為欺天陷人矣為開封
府三獄皆滿公視事之日理出數百人快遣殆盡京
師翕然稱之為御史中丞中書密院議邊事多不合
趙明與西人戰中書賞功而密院降約束郭逵修堡
樞密院方詰之而中書已下褒詔矣公言戰守大事

也安危所寄今中書欲戰密院欲守何以令天下願
敕大臣凡戰守除帥議同而後下上善之諫官楊繪
言宰相不當以其子判鼓院上曰繪不習朝廷事鼓
院傳達而已何與於事公曰人有訴宰相者使其子
傳達之可乎且天下見宰相子在是豈敢復訴事上
悟為罷之种諤擅築綏州且與薛向發諸路兵環慶
保安皆出剽掠西人復誘殺將官楊定公上疏極言
亮祚已納款不當失信邊隙一開兵連民疲必為內
憂京師郡國地震公三上疏指陳致災之由大臣不
悅出公知秦州上面謂曰秦州非朕意也留不遣詔

館伴契丹使前此館伴非其人使者議神塔子事往
復紛然是歲契丹遣蕭林牙楊興公來聘朝廷憂之
公見興公開懷與語問其家世父祖事委曲詳盡興
公驚且喜不復論去歲事將去與公馬上泣別林牙
謂興公曰君與滕公善豈將留此乎　上聞之大喜
因公奏事殿中歎曰朕欲擢卿執政卿逾月不對而
大臣力薦用唐介矣公曰臣恨未有死所報陛下知
遇豈愛官職者唐淑問孫覺言公短上不信悉以其
言示公所以慰勞公者甚厚公頓首曰陛下無所疑
臣無所愧足矣河朔地大震涌沙出水壞城池廬舍

命公爲安撫使官吏皆幄寢居民恐懼棄家而茇舍
公獨卧屋下曰民恃吾以生屋摧民死吾當以身同
之民始歸安其室乃命葬死者食飢者除田稅察惰
吏修堤防繕甲兵督盜賊河朔遂安使還大臣將除
公幷州上復留公開封府民有王頩者爲鄰婦隱其
金闞數尹不能辨頩憤悶至病傴杖而訴於公公呼
鄰婦一問得其情取金還頩頩奮身仰謝失傴所在
投杖而出一府大駭除翰林學士夏國王秉常被篡
公言繼遷死時李氏幾不立矣當時大臣不能分建
諸豪乃以全地王之至今爲患今秉常失位諸將爭

權天以此遺陛下若再失此時悔將無及請擇一賢
將假以重權使經營分裂之可不勞而定百年之計
也　上奇其策然不果用欲以公為三司使力辭已
而除公瀛州安撫使公入頓首曰臣知事陛下而已
不能事黨人願陛下少回昔日之眷無使臣為黨人
所快則天下皆知事君為得而事黨人為無益矣上
為改容公以皇考諱辭高陽關乃除鄆州治盜有方
不獨用威猛時有所縱捨盜為屏息移定州許入覲
力言新法之害曰臣始以意度其不可耳今為郡守
親見其害民者具道所以然之狀至定州以上已宴

郊外有報契丹入寇邊民來逃者將吏大駭請起治
兵公笑曰非爾所知也益置酒作樂遣人諭逃者曰
吾在此虜不敢動使各歸業明日問之果妄諸將以
是服公韓忠彦使契丹楊興公迎勞問公所在且曰
滕公可謂開口見心矣忠彦歸奏上喜進公禮部侍
郎使再任詔曰寬嚴有體邊人安焉公因作堂以安
邊名之公去國既久而心在王室著書五篇一曰尊
主勢二曰本聖心三曰校人品四曰破朋黨五曰贊
治道上之其略曰陛下聖神文武自足以斡運六合
譬之青天白日不必點綴自然清明識者韙其言天

下大旱詔求直言公上疏曰新法害民者陛下既知之矣但下一手詔應熙寧二年以來所行新法有不便者悉罷則民氣和而天意解矣富彥國之守青州也嘗置教閱馬步軍九指揮彥國既去軍稍缺不補公至青復完之至溢額數千其後朝廷屢發諸路兵或喪失不還惟青州兵至今為盛其謫守池安皆以靜治聞飲酒賦詩未嘗有遷謫意侍郎韓丕旅殯于安五十年矣學士鄭獬安人也既沒十年貧不克葬公皆葬之著作佐郎木炎居喪以毀卒公既助其葬又為買田賙之敕使謝諲市物于安因緣為姦民被

其毒公密疏姦狀上為罷黜謫自安定先生之亡公
常割俸以賙其子及為湖州祭其墓哭之慟東南之
士歸心焉自揚徙鄆歲方飢乞淮南米二十萬石為
備鄆有劇賊數人公悉知其所舍遣吏掩捕皆獲吏
民不知所出郡學生食不給民有爭公田二十年不
決者公曰學無食而以良田飽頑民乎乃請以為學
田遂絕其訟學者作新田詩以美之時淮南京東皆
大飢公獨有所乞米為備召城中富民與約曰流民
且至無以處之則疾疫起并及汝矣吾得城外廢營
地欲為席屋以待之民曰諾為屋二千五百間一夕

而成流民至以次授地井竈器用皆具以兵法部勒少者炊壯者樵婦女汲老者休民至如歸上遣工部郎中王古按視之廬舍道巷引繩棊布肅然如營陣古大驚圖上其事有詔褒美蓋活五萬人云徙真定乞以便宜除盜許之然訖公之去無一人死法外者秋大熟積飢之民方賴以生而有司爭糴轂貴公奏邊廩有餘請罷糴二年從之徙知太原府河東兵勞民貧而土豪將吏皆利於有警故喜作邊事民不堪命公始至蕃族來賀令曰謹斥候無開邊隙有寇而失備與無寇而生事者皆斬自軍司馬汾邊安撫以

下皆勒以軍法西人獵境上河外請益兵公曰寇來
則死之吾不出一兵也河東十二將其四以備北其
八以備西八將更休為上下番是歲八月邊郡稱有
警請八將皆上謂之防秋公曰賊若并兵犯我雖八
將不敵也若其不來四將足矣卒遣更休而將吏懼
甚扣閤爭之公指其頸曰吾已捨此矣頸可斷兵不
可出卒無寇省芻粟十五萬河東之所患者鹽與和
糴也公稍更其法明著稅額而通鹽商配卒粮草視
物力高下而不以占田多少為差民以為便陽曲縣
舊治城西汾決徙城中縣廢為荒田公奏還之使縣

治堤坊如黄河民復成市諸將駐列城者長吏或不悅捃誣以事有至死者公奏立法將有罪徙他郡訊驗諸將聞之喜曰公保吾生當報以死西夏請復故地詔賜以四寨而葭蘆隸河東公曰取城易棄城難昔棄囉兀西人襲我不備喪金帛不貲且為夷狄笑乃命部將訾虎蕭士元以兵護遷號令嚴整寇不敢近無一瓦之失將賜寨公請先畫界而後棄不從西人已得地則請凡畫界以綏德城為法從之公曰若法綏德以二十里為界則吴堡去葭蘆百二十里為失百里矣兵家以進退尺寸為強弱今一舉而失百

里不可力爭之已而諜者得西人之謀曰吾將出勁兵於義吳二寨之間劫漢使不得出兵則二寨亦棄矣公遂復前議章九上至數萬言議者謂近世名將無及公者公爲文與詩英發妙麗每出一篇學者爭誦之篤於行義事父母撫諸弟以孝友聞臨大事決大議毅然不計死生至於已私則小心莊栗惟恐有過其事上及與人交馭將吏侍妻子奴婢一以至誠仕至大理評事至右光禄大夫職至龍圖閣學士勳至上柱國爵至南陽郡開國侯食邑至一千六百户實封至八百户贈銀青光禄大夫有文集二十卷娶

李氏唐御史大夫栖筠之後晉卿之女累封建安郡
君先公卒贈永寍郡君子三人祐祁皆承奉郎裕尚
幼女五人長適朝請郎知楚州何洵直次適宣德郎
祕書省正字王炳早卒次適宣德郎太學博士王涣
之次復適王炳季適方平之子朝散郎南京通判恕
孫男六人將以元祐七年八月二十二日癸酉葬于
蘇州長洲縣彭華鄉陽山之栗塢銘曰
天之降材千夫一人人之逢時千載一君生之既難
得之豈易而彼讒人曾不少置昔在帝堯甚畏巧言
讒說震驚雖堯亦然偉哉滕公廓廟之具帝欲用公

將起輙什賴帝之明雖什復興小試于邊戎狄是膺日月逝矣歲不我與老成云亡吾誰與處若古有訓無競維人公之治邊折衝精神猛虎在山藜藿茂遂及其既亡樵牧所易公官三品以壽考終我銘之悲夫豈為公

王子立墓誌銘一首

子立諱適趙郡臨城人也始予為徐州子立為州學生知其賢而有文喜怒不見得喪若一曰是有類子由者故以其子妻之與其弟適子敏皆從予於吳興學道日進東南之士稱之予得罪於吳興親戚故人

皆驚散獨兩王子不去送予出郊曰死生禍福天也
公其如天何返取余家致之南都而子立又從子由
謫於高安績溪同其有無賦詩絃歌講道著書於席
門茅屋之下者五年未甞有愠色予與子由有六男
子皆以童子從子立遊學文有師法人人自重不敢
嬉宕子立實使然元祐四年冬自京師將適濟南未
至卒于奉高之傳舍蓋十月二十五日也享年三十
五曾祖諱璘贈中書令妣田氏楚國夫人祖巖工部
侍郎知樞密院贈太尉謚忠穆妣宋氏仁壽郡夫人
考諱正路比部郎中知濮州贈光禄大夫妣李氏壽

安縣君一女初伏有遺腹子喬文集十五卷其學長於禮服子由謂其文朱絃疏越一唱而三歎者也七年十一月五日其兄遽子開葬于臨城龍門鄉兩口村先塋之側銘曰

知性以為存不壽非其怨也知義以為榮不貴非其羨也而未能忘於文則猶有意於傳也嗚呼百世之後其姓名與我皆隱顯也

寶月大師塔銘一首

寶月大師惟簡字宗可姓蘇氏眉山人於予為無服兄九歲事成都中和勝相院慧悟大師十九得度二

十九賜紫三十六賜號其同門友文雅大師惟慶為
成都僧統所治萬餘人鞭笞不用中外肅伏度博學
通古今善為詩至於持律揔衆酬酢事物則師密相
之也凡三十餘年人莫知其出於師者師清亮敏達
綜練萬事端身以律物勞已以裕人人皆高其才服
其心凡所欲為趣成之更新其精舍之在成都與郫
者凡二百七十三間經藏一盧舍那阿彌陀彌勒大
悲像四塼橋二十七皆談笑而成其堅緻可支一世
師於佛事雖若有為譬之農夫畦而種之待其自成
不數數然也故余甞以為修三摩鉢提者蜀守與使

者皆一時名公卿人人與師善然師常罕見寡言務
自却遠蓋不可得而親踈者喜施藥所活不可勝數
少時瘠黑如梵僧既老而皙若復少者或曰是有陰
德發於面壽未可涯也紹聖二年六月九日始得微
疾即以書告於往來者勑其子孫皆佛法大事無一
語私其身至二十二日集其徒問日蚤暮及辰曰吾
行矣遂化年八十四是月二十六日歸骨于城東智
福院之壽塔弟子三人海慧大師士瑜先亡次士隆
次紹賢為成都副僧統孫十四人悟遷悟清悟文悟
眞悟緣悟深悟徽悟開悟通悟誠悟益悟權悟緘曾

孫三人法舟法榮法原以家法嚴故多有聞者師少與蜀人張隱君少愚善吾先君宮師亦深知之曰此子才用不減澄觀若事當有立於世爲僧亦無出其右者已而果然予謫居惠州舟實來請銘銘曰

大師寶月古字僴名出趙郡蘇東坡之兄自少潔齊老而彌剛領袖萬僧名聞四方壽八十四臘六十五瑩然摩尼歸眞于土錦城之東松柏森然子孫如林蔽芾其陰

陸道士墓誌銘 一首

道士陸惟忠字子厚眉山人家世爲黄冠師子厚獨

狷潔精苦不容於其徒去之遠游始見予黃州出所
作詩論內外丹指略蓋自以為決不死者然予甞告
之曰子神清而骨寒其清可以仙其寒亦足以死其
後十五年復來見予惠州則得瘦疾骨見衣表然詩
益工論內外丹益精曰吾眞坐寒而死矣每從事於
養生輒有以敗之類物有害吾生者予曰然子若死
必復為道士以究此志予時適得美石如黑玉曰當
以是志子墓子厚笑曰幸甚久之子厚去予之河源
開元觀客於縣令馮祖仁而予亦謫海南是歲五月
十九日竟以疾卒年五十祖仁葬之觀後蓋紹聖四

年也銘曰

嗚呼多藝此黄冠詩棊醫卜内外丹無求於世宜堅完龜飢鶴瘦終難安哀哉六巧坐一寒祝子復來少宏寬毋復清詩助痟酸龍虎九成無或奸徃駕赤螭驂青鸞

惠州官葬暴骨銘一首

有宋紹聖二年官葬暴骨于是是豈無主仁人君子斯其主矣東坡居士銘其藏曰

人耶天耶隨念而徂有未能然宅此枯顱後有君子無廢此心陵谷變壞復棺衾之

神道碑

趙康靖公神道碑一首 代張文定公作

宋有天下百二十有五年六聖相師專用一道曰仁不雜他術刑以不殺為能兵以不用為功財以不聚為富人以不作聰明為賢雖有絶人之材而德不至終不大用六聖一心守之不移故自建隆以來至于今卿相大臣號多長者記人之功忘人之過含垢匿瑕犯而不校以為常德是以四方乂安兵革不試民之戴宋有死無二自漢以來未有如今日之盛者此六聖之德而衆長者之助也易曰師正丈人吉詩曰

雖無老成人尚有典刑書曰如有一介臣斷斷猗無
他技其心休休焉其如有容人之有技若己有之人
之彦聖其心好之不啻若自其口出是能容之以保
我子孫黎民故太子少師趙公服事三朝四十餘年
其德合於易之所謂丈人詩之所謂老成書之所謂
一介臣者公諱槩字叔平其先河朔人也徙於宋之
虞城七世矣曾祖著後唐國子毛詩博士贈太師中
書令兼尚書令韓國公妣李氏燕國太夫人父幹尚
書駕部員外郎贈太師中書令兼尚書令魯國公妣
張氏魯國太夫人高氏唐國太夫人公七歲而孤篤

學自力年十七舉進士當時聞人劉筠威綸黃宗旦
皆稱其文詞必顯於時而其器識宏遠則皆自以為
不及當赴禮部試楚守胡令儀醵黃金以贈之公不
受天聖五年擢進士第三人授將作監丞通判海州
歸見父老故人幅巾徒步人人至其家召試學士院
除著作郎集賢校理出知漣水軍公為進士時鄧餘
慶守漣水館公於官舍以教其子餘慶所為多不法
公謝去數月餘慶以贓敗及公為守將至或榜其所
館曰豹隱堂賦者三十餘人歲飢公勸誘富民得米
萬石所活不可勝數漣水有魚池利入公帑歲殺魚

十餘萬公給罷之作放生碑
封府推官奏事殿中賜五品服且除守通州入爲開
室相以例不可出知洪州屬吏有鄭陶饒奭者挾持
郡事肆爲不法前守莫能制州有歸化兵是故盜賊
配流已而逃去者與鄭人胡順之共造飛語以動
公曰歸化兵得廩米陳惡有怨言不更給善米且有
變公笑不答會歸卒有自言州戍所逃還犯夜者
公即斬以徇收陶下獄得其姦贓且奏徙奭湖州一
郡股栗城西南隅當大江之衝水歲爲民患公建爲
石堤高丈五尺長二百丈用石九千段取之有方民

不以為勞明年夏堤成而水大至度與城平恃堤以
全至于今賴之遷刑部貟外郎同知宗正寺出知青
州改直集賢院賦税未入中限敕縣不得輙催科是
歳夏税先一月辦坐失舉張誥奪官罷歸起監密州
酒徙楚州粮料院以郊赦還官職知滁州山東大賊
李小二過境上告人曰我東人也公甞為青州東人
愛之如父毋我不忍犯遂寇廬壽犬牙不入境召修
起居注朝廷欲用修王牒久之除歐陽脩起居注朝
廷欲驟用脩而難於躐公公聞之乃請郡自便以為
天章閣待制賜三品服糺察在京刑獄遷兵部貟外

郎遂知制誥句當三班院會郊禮當進階封且任一子京官乞以母封郡太君宰相謂公學士擬封不久矣公曰母年八十一朝夕不可期願及今以爲榮後遂以爲例改知審官院判祕閣與高若訥同判流内銓若訥言往嘗知貢舉聞母病不得出幾不能生公矍然即請郡以便親宰相謂公曰旦夕爲學士可少待也公不聽遂除蘇州明年丁母憂服除召入翰林爲學士知貢舉館伴契丹泛使遂報聘焉會獵于興雲山之西請公賦詩詩成契丹主親酌玉盃以勸公且以素扇授其近臣劉六符寫公詩置之懷袖使還

加侍讀學士歷右司郎中中書舍人提舉在京諸司庫務姦人冷清詐稱皇子遷之江南公曰清言不妄不可遷若詐亦不可不誅詔公與包拯雜治之得其實乃誅清李參為河北轉運使職事辦治進秩二等且官其一子鄭申錫為諫官爭之曰參職事所當辦無功不可賞上怒欲罪申錫公言陛下始面諭申錫毋面從吾過今黜之何以示天下乃止以龍圖閣學士禮部侍郎知鄭州徙南京留守拜御史中丞中官鄧保吉引剩員禁中燒銀公力言其不可遂出之又言張茂實不宜典兵衛未行會公拜樞密副使復言

之乃出茂實知曹州拜參知政事方是時皇嗣未立天下以爲憂　仁宗命　英宗領宗正公言宗正未足爲重遂與執政建言宜立爲皇太子從之　英宗即位遷戶部侍郎又遷吏部熙寧初遷左丞公年七十矣求去位不許章數上乃以爲觀文殿學士吏部尚書知徐州遂請老不已以太子少師致仕居睢陽十五年猶以讀書著文憂國愛君爲事集古今諫爭爲諫林一百二十卷奏之上甚喜賜詔曰士大夫請老而去者皆以聲問不至朝廷爲高得卿所奏書知有志愛君之士雖退休山林未嘗一日忘也當置坐

右以時省閟上祠南郊明堂率嘗召公陪祀每辭以
老疾閤門一至都下亦以足疾不入見詔中貴人撫
問二府就所館宴勞之累階至特進勲上柱國封天
水郡開國公賜號推忠保德翊戴功臣元豐初省功
臣號三年官制改解特進六年正月十五日薨于永
安坊里第享年八十八輟視朝一日贈太師謚康靖
前作遺範以戒子孫纖悉必具以某年月日葬于宋
城縣天巡鄉地與日皆公所自卜也娶李氏封汝陰
郡夫人先公二十五年卒于鄆州子縈緒殿中丞敷
緒將作監主簿皆早亡元緒宣德郎公緒校書郎女

二人長適光禄寺丞王力臣幼適朝奉大夫程嗣恭
孫男四人嗣徽通直郎嗣眞宣義郎嗣賢試校書郎
嗣光未命曾孫男六人韡太廟齋郎餘未名公為人
樂易深中恢然偉人也平生與人實無所怨怒非特
不形於色而已専務掩惡揚善以德報怨出於至誠
非勉強者天下稱之庶幾漢劉寛唐婁師德之徒云
始歐陽脩蹴公為知制誥人意公不能平及脩坐累
對詔獄人莫敢為言公獨抗章言脩無罪為仇人所
中傷陛下不可以天下法為人報仇上感悟脩以故
得全公既老脩亦退居汝南公自睢陽往從之游樂

飲旬日蘇舜欽為進奏院以群飲得罪公言與會者皆一時名人若舉而棄之失士大夫望非朝廷福張誥以贓敗竄海上公坐貶累年而憐誥終不衰間使人至海上勞問賙給之代馮浩為鄆州吏舉按浩侵用公使錢三十萬當以浩職田租償官公曰浩吾同年也且知其貧不可以已俸償之公所為大略如此至於敦尚契舊葬死養孤蓋不可勝數余於公為里人少相善也退而老於鄉日從公游蓋知之詳矣元緒以墓碑為請義不可以詞銘曰

維古任人仁義是圖仁近於弱義近於迂課其功利

歲計有餘在漢孝文發政之初欲以利口登進嗇夫
有臣釋之實矢厥謨世謂長者絳侯相如皆訥於言
有口若無豈効此子喋喋巧諛帝用感悟老成是親
清淨無為鑒于暴秦歷祀四百世載其仁赫赫我宋
以聖繼神於穆　仁宗如歲之春招延朴忠屛遠佞
人豈獨左右刑于庶民維時趙公含德不發如圭如
璧如金如錫置之不慍用之不懌帝識其心長者之
傑遂授以政歷任三葉濟于艱難不亹不跂公在朝
廷靖恭寡言不忮不求孰知其賢望其容貌有恥而
悛薄夫以敦鄙夫以寬今其亡矣吾誰與存作此銘

詩以記後見

東坡後集卷第十八

東坡後集卷第十九

釋教五十首

請淨慈法涌禪師入都疏一首

捨銅龜子文一首

書若逵所書經後一首

重請戒長老住石塔疏一首

書孫元忠所書華嚴經後一首

觀音贊一首　羅漢贊十六首

水陸法像贊十六首　釋迦文佛頌一首

僧伽贊一首　阿彌陀佛贊一首

無名和尚頌觀音偈一首

無名和尚傳贊一首　蘇程庵銘一首

思無邪齋銘一首

虔州崇慶禪院新經藏記一首

書柳子厚大鑒禪師碑後一首

書金光明經後一首　金剛經跋尾一首

廣州東莞縣資福寺舍利塔銘一首

請淨慈法涌禪師入都疏一首

京師禪學之盛發於本秀二公本既還山秀復入寂

駙馬都尉張君予來聘法涌繼揚宗風東坡居士適在錢塘實為敦勸太丘道廣廣則難周仲舉性峻峻則少通法涌童子晝沙已具佛智維摩無語猶涉二門雖吾先師不異是說質之孔孟蓋有成言不為穿窬仁義不可勝用博施濟衆堯舜其猶病諸我願法涌廣大慈悲印宗仁得仁之侶深嚴峻峙訶未證謂證之人本自不然伏惟珍重

捨銅龜子文一首

蘇州報恩寺重造古塔諸公皆捨所藏舍利予無舍利可捨獨捨盛舍利者敬為四恩三有捨之故人王

顚爲武功宰長安有修古塔者發舊葬得之以遺余余以藏私印成壞者有形之所不免而以藏舍利則可以久存藏私印或以速壞貴舍利而賤私印樂久存而悲速壞物豈有是哉余其并是捨之

書若逵所書經後一首

懷楚比丘示我若逵所書二經經爲幾品品爲幾偈偈爲幾句句爲幾字字爲幾畫其數無量而此字畫平等若一無有高下輕重大小云何能一以忘我故若不忘我一畫之中已現二相而况多畫如海上沙是誰磋磨自然匀平無有麄細如空中雨是誰揮灑

自然蕭散無有踈密咨爾楚逵若能一念了是法門於剎那頃轉八十藏無有忘失一句一偈東坡居士說是法已復還其經

重請戒長老住石塔疏一首

大士未曾說法誰作金毛之聲衆生各自開堂何關石塔之事去無作相住亦隨緣長老戒公開不二門施無盡藏念西湖之久别本是偶然爲東坡而少留無不可者一時作禮重聽白推渡口船回依舊雲山之色秋來雨過一新鍾鼓之音

書孫元忠所書華嚴經後一首

余聞世間凡富貴人及諸天龍鬼神具大威力者修無上道難造種種福業易所發菩提心旋發旋忘如飽滿人厭棄飲食所作福業舉意便成如一滴水流入世間即為江河是故佛說此等真可畏怖一念差失萬劫墮壞一切龍服地行天飛佛在依佛佛成依僧皆以是故維鎮陽平山子龍靈變莫測常依覺實二大比丘有大檀越孫温靖公實能致龍與相賓友曰雨曰霽惟公所欲公之與此二大比丘及此二龍必同事佛皆受佛記故能於未來世各以願力而作佛事觀公奏疏本欲為龍作廟又恐血食與龍增業

故上乞度僧以奉祠宇公之愛龍如愛其身秪令作福不令造業若推此心以及世間待物如我待我如物予知此人與佛無二覺既圓寂公亦棄世其子元忠爲公親書華嚴經八十卷累萬字無有一點一畫見怠墮相人能攝心一念專靜便有無量應感而元忠此心盡八十卷終始若一予知諸佛悉已見聞若以此經置此山中則公與二士若龍在在處處皆當相見共度衆生無有窮盡而元忠與予亦當與焉

觀音贊一首

興國浴室院法眞大師慧汶傳寶禪月大師貫休所

書十六大阿羅漢左朝散郎集賢校理歐陽棐為其女為軾子婦者捨所服用裝新之軾亦家藏虔州小孟畫觀世音捨為中尊各作贊一首為亡者追福滅罪

衆生堕八難身心俱喪失惟有一念在能呼觀世音火坑與刀山猛獸諸毒藥衆苦萃一身呼者常不痛呼者若自痛則必不能呼若其了不痛何用呼菩薩當自救痛者不煩觀音力衆生以二故一身受衆苦若能眞不二則是觀世音八萬四千人同時俱赴救

羅漢贊十六首

第一

正坐歛眉扼腕立拂問此大士爲言爲默默如雷霆

言如墻壁非言非默百祖是式

第二

栴檀非煙火亦無香是從何生俯仰在亡彈指賛歎

善思念之是一炷香是天人師

第三

一劫七日刹那三世何念之深屈指默計屈者已往

信者未然孰能住此屈信之間

第四

我觀西方度無量國諸佛陀耶在我掌握右顧眙然汝則皆西随我所印識道不迷

第五

耆年何者粲然復少我知其心佛不妄笑瞋喜雖幻笑則非瞋施此無憂與無量人

第六

袖手不言跏趺終日兩眉雖舉六用皆寂寂不為身動不為人天作時雨山川出雲

第七

以惡駭物如火自爇以信入佛如水自濕垂眉捧手

為誰虔恭導師無德水火無功

第八

六塵既空出入息滅松摧石隕路迷草合逐獸于原得已亡弓偶然汲水忽焉相逢

第九

以口誦經以手歎法是二道場各自起滅孰知毛竅八萬四千皆作佛事說法熾然

第十

掌中浮圖舍利所宅放大光明照十方剎櫝而藏之了無見聞衆所發心與佛皆存

第十一

左手持經右手引帶為卷為開是義安在已讀則卷未讀則開我無所疑其音如雷

第十二

面門月圓瞳子電爛示和猛容作威喜觀龍象之姿魚鳥所驚以是幻身為護法城

第十三

手中竹根所指如意云何不動無意可指食已宴坐便腹果然是中空洞以受世間

第十四

梵書旁行俛首注視不知有經而況字義佛子云何
飽食晝眠勤苦功用諸佛亦然

第十五

衆生顛倒爲物所轉我轉是珠以一貫萬過現不住
未則未來舉珠示人孰爲輪迴

第十六

以口說法法不可說以手示人手去法滅生滅之中
了然眞常是故我法不離色聲

水陸法像贊并引

蓋聞淨名之鉢屬饜萬口寶積之蓋徧覆十方若知

法界本造於心則雖凡夫皆具此理昔在梁武皇帝始作水陸道場以十六名盡三千界用狹而施博事約而理詳後生莫知隨世增廣若使一二而悉數雖至千萬而靡周惟我蜀人頗存古法觀其像設猶有典刑虔召請於三時分上下者八位但能起一念於慈悲之上自然撫四海於俛仰之間軾敬發願心具嚴繪事而大檀越張侯致禮樂聞其事共結勝緣請法雲寺法涌禪師善本善擇其徒修營此會永為無礙之施同守不刊之儀軾拜手稽首各為之贊凡十六首

上八位

一切常住佛陀耶衆

謂此爲佛是事理鄣謂此非佛是斷滅相事理既融

斷滅亦空佛自現前如日之中

一切常住達摩耶衆

以意爲根是謂法塵以佛爲體是謂法身風止浪静

非有别水放爲江河匯爲沼沚

一切常住僧伽耶衆

佛既强名法亦非眞神而明之存乎其人惟佛法僧

非三非一如雲出雨如水現日

一切常住大菩薩衆

神智無方解脱無礙以何因緣得大自在障盡願滿

反于自然無始以來七者復存

一切常住大辟支迦衆

現無佛處修第二乘如日入時膏火爲燈我説二乘

如應病藥敬禮辟支即大圓覺

一切常住大阿羅漢衆

大不可知山隨綫移小入無間澡身軍持我雖不能

能設此供知一切人具此妙用

一切五通神仙衆

孰云飛仙高舉違世湛然神凝物不疵癘為同為異

本自無同契我無生長生之宗

一切護法龍神衆

外道壞法如刀截風壞者既妄護者亦空偉兹龍神

威而不怒示有四友佛之禦侮

下八位

一切官寮吏從衆

至難者君至憂者臣以衆生故現宰官身以難為易

以憂為樂樂兼萬人慨倍衆惡

一切天衆

苦極則修樂極則流禍福無窮糾纏相求遂超欲色至非非想不如一念眞發無上

一切阿修羅衆

正念淳想則爲飛行毫釐之差遂墮戰爭以此爲道究竟隕首是眞作家當師子吼

一切人衆

地獄天宮同一念頭涅槃生死同一法性抱寶號窮鑽究索空今夕何夕當選大雄

一切地獄衆

汝一念起業火熾然非人燔汝乃汝自燔觀法界性

起滅雷速知惟心造是破地獄

一切餓鬼衆

說食無味涎流妄嚥眞食無火中虛妄見美從妄生惡亦幻成知幻即離既飽且盈

一切畜生衆

欲人不知心則有負此念未成角尾已具集我道場一洗濯之盡未來刼愧者勿為

一切六道外者衆

陋劣之極蕩於聁冥胎卵濕化莫從而生聞吾法音飈起雷動如夢覺人不復見夢

釋迦文佛頌并引

端明殿學士兼翰林侍讀學士蘇軾爲亡妻同安郡君王氏閏之請奉議郎李公麟敬畫釋迦文佛及十大弟子元祐八年十一月十一日設水陸道場供養軾拜手稽首而作頌曰

我願世尊足指按地三千大千淨琉璃色其中衆生靡不解脱如日出時眠者皆作如雷震時蟄者皆動同證無上永不退轉

僧伽贊一首

盲人有眼不自知忽然見日喜而舞非謂日月有在

亡實自憂我眼根在四濱大士誰不見而有熟視不
見若彼豈無眼業障故以知見者皆希有若能便作
希有見從此成佛如反掌傳導世間千萬億皆自大
士法身出麻田供養東坡贊見者無數悉成佛

阿彌陀佛贊

蘇軾之妻王氏名閏之字季章年四十六元祐八年
八月一日卒于京師臨終之夕遺言捨所受用使其
子邁迨過為畫阿彌陀像紹聖元年六月九日像成
奉安于金陵清涼寺贊曰
佛子在時百憂繞臨行一念何由了口誦南無阿彌

陀如日出地萬國曉何況自捨所受用畫此圓滿天日表見聞隨喜悉成佛不擇人天與蟲鳥但當常作平等觀本無憂樂與壽夭丈六全身不為大方寸千佛夫豈小此心平處是西方閉眼便到無魔嬈

無名和尚頌觀音偈一首 徐因饒州人

我觀諸佛及菩薩皆以六塵作佛事雖有妙智如觀音根性亦自聞思復佛子流浪無始劫未空言語文字性譬如多財石季倫知財為害不早散手揮金寶棄溝壑不如施與貧病者纍纍三百五十珠持與觀音作纓絡

無名和尚傳贊一首

道無分成佛無滅生如影外光孰在孰亡如井中空孰虛孰盈無名和尚蓋名無名

蘇程庵銘 并引

程公庵南華長老辯公爲吾表弟程德孺作也吾南遷過之更其名曰蘇程且銘之曰

辯作庵寶林南程取之不爲貪蘇後到住者三蘇旣住程則去一彈指三世具如我說無是處百千燈同一光一塵中兩道場齊說法不相妨本無通安有礙程不去蘇亦在各徧滿無雜壞

思無邪齋銘一首

東坡居士問法於子由子由報以佛語曰本覺必明無明明覺居士欣然有得於孔子之言曰詩三百一言以蔽之曰思無邪夫有思皆邪也無思則土木也吾何自得道其惟有思而無所思乎於是幅巾危坐終日不言明目直視而無所見攝心正念而無所覺於是得道乃名其齋曰思無邪而銘之曰

大患緣有身無身則無病廓然自圜明鏡鏡非我鏡如以水洗水二水同一淨浩然天地間惟我獨也正

虔州崇慶禪院新經藏記一首

如來得阿耨多羅三藐三菩提曰以無所得故而得舍利弗得阿羅漢道亦曰以無所得故而得如來與舍利弗若是同乎曰何獨舍利弗至于百工賤技承蜩意鉤履豨畫墁未有不同者論道之大小雖至於大菩薩其視如來猶若天淵然及其以無所得故而得則承蜩意鉤履豨畫墁未有不與如來同者也以吾之所知推至其所不知嬰兒生而導之言稍長而教之書口必至於忘聲而後能言手必至於忘筆而後能書此吾之所知也口不能忘聲則語言難於屬文手不能忘筆則字畫難於刻琱及其相忘之至也

則形容心術酬酢萬物之變忽然而不自知也自不能者而觀之其神智妙達不既超然與如來同乎故金剛經曰一切賢聖皆以無為法而有差別以是為技則技疑神以是為道則道疑聖古之人與人皆學而獨至於是其必有道矣吾非學佛者不知其所自入獨聞之孔子曰詩三百一言以蔽之曰思無邪夫有思皆邪也善惡同而無思則土木也云何能使有思而無邪無思而非土木乎烏乎吾老矣安得數年之暇託於佛僧之字盡發其書以無所思心會如來意庶幾於無所得故而得者謫居惠州終歲無事宜

若得行其志而州之僧舍無所謂經藏者獨榜其所居室曰思無邪齋而銘之致其志焉始吾南遷過虔州與通守奉議郎俞君括游一日訪廉泉入崇慶院觀寶輪藏君曰是於江南壯麗為第一其費二千餘萬前長老曇秀始作之幾於成而寂今長老惟湜嗣成之奔走二老之間勸導經營銖積寸累十有六年而成者僧知錫也子能愍此三士之勞為一言記之乎吾蓋心許之俞君博學能文敏於從政而恬於進取數與吾書欲棄官相從學道自虔罷歸道病卒於廬陵虔之士民有巷哭者吾亦為出涕故作此文以

遺湜錫并論孔子思無邪之意與吾有志無書之歎使刻于石且與俞君結未來之因乎紹聖二年五月二十七日記

書栁子厚大鑒禪師碑後一首

釋迦以文教其譯于中國必託於儒之能言者然後傳遠故大乘諸經至楞嚴則委曲精盡勝妙獨出者以房融筆授故也栁子厚南遷始究佛法作曹谿南嶽諸碑妙絶古今而南華今無刻石者長老重辯師儒釋兼通道學純備以謂自唐至今頌述祖師者多矣未有通亮簡正如子厚者蓋推本其言與孟軻氏

合其可不使學者晝見而夜誦之故具石請予書其文唐史元和中馬摠自虔州刺史遷安南都護徙桂管經略觀察使入為刑部侍郎今以碑考之蓋自安南遷海南非桂管也韓退之祭馬公文亦云自交州抗節番禺曹谿諡號決非桂帥所當請以是知唐史之誤當以碑為正紹聖二年六月九日

書金光明經後一首

軾之幼子過其母同安郡君王氏諱閏之字季章享年四十有六以元祐八年八月一日卒于京師殯于城西惠濟院過未免喪而從軾遷于惠州日以遠去

其母之殯為恨也念將祥除無以申罔極之痛故親書金光明經四卷手自裝治送虔州崇慶禪院新經藏中欲以資其母之往生也泣而言於軾曰書經之勞微矣不足以望豐報要當口誦而心通手書而身履之乃能感通佛祖升濟神明而小子愚冥不知此經皆眞實語耶抑寓言也當云何見云何行軾曰善哉問也吾常聞之張文定公安道曰佛乘無大小言亦非虛實顧我所見如何耳萬法一致也我若有見寓言即是實語若無所見實寓皆非故楞嚴經云若一衆生未成佛終不於此取涅槃若諸菩薩急於度

人不念於成佛盡三界衆生皆成佛己我乃涅槃若
諸菩薩覺知此身無始以來皆衆生相寃親拒受內
外障護即卵生相據彼成此損人益己即胎生相愛
染留連附記有無即濕生相一切物欲爲己主宰即
化生相此四界生相若與我流轉不覺不知勤苦修
行幻力成就則此四相伏我諸根為涅槃相以此成
佛無有是處此二菩薩皆是正見乃知佛語非寓非
實今汝若能為流水長者以大願力象取無礙法水
以救汝流浪渴涸之魚又能觀諸世間雖甚可愛而
虛幻無實終非我有者汝即捨離如薩埵王子捨身

雖甚可惡而業所驅迫深可憐閔者汝即布施如薩
埵王子施虎行此捨施如飢就食如渴求飲則道可
得佛可成毋可拔也過再拜稽首願書其末紹聖二
年八月一日

金剛經跋尾一首

聞昔有人受持諸經攝心專妙常以手指作捉筆狀
於虛空中寫諸經法是人去後此寫經處自然嚴淨
雨不能濕凡見聞者孰不贊歎此希有事有一比丘
獨拊掌言惜此藏經止有半藏乃知此法有一念在
即為塵勞而況可以聲求色見今此長者譚君文初

以念親故示入諸相取黄金屑書金剛經以四句偈
悟入本心灌流諸根六塵清淨方此之時不見有經
而况其字字不可見何者為金我觀譚君孝慈忠信
内行純備以是衆善莊嚴此經色相之外炳然焕發
諸世間眼不具正見使此經法缺陷不全是故我説
應如是見東坡居士説是法已復還其經

廣州東莞縣資福寺舍利塔銘一首

自有生人以來人之所為見於世者何可勝道其皷
舞天下經緯萬世有偉於造物者矣考其所從生實
出於一念巍乎大哉是念也物復有烈於此者乎是

以古之真人以心為法自一身至一世界自一世界
至百千萬億世界於屈信臂須作百千萬億變如佛
所言皆真實語無可疑者至於持身厲行練精養志
或乘風而仙或解形而去使枯槁之餘化為金玉時
出光景以作佛事者則多有矣其見伏去來皆有時
會非偶然者予在惠州或示予以古舍利狀若覆盂
圓徑五寸高三寸重一斤一兩外密而中踈其理如
芭蕉舍利生其中無數五色具意必真人大士之遺
體蓋腦之在顱中顱亡而腦存者予曰是當以施僧
與衆共之藏私家非是其人難之適有東莞資福長

老祖堂來惠州見而請之曰吾方建五百羅漢閣壯麗甲於南海舍利當栖我閣上則以犀帶易之有自京師至者得古玉璧試取以薦舍利若合符契堂喜遂并璧持去曰吾當以金銀琉璃爲窣堵波置閣上

銘曰

眞人大士何所脩心精妙明含九洲此身性海一浮漚委蛻如遺不自收戒光定力相烝休結爲寶珠散若旒流行四方獨此留帶犀微矣何足酬璧來萬里端相投我非予堂堂非求共作佛事知誰由瑞光一起三千秋永照南海通羅浮

東坡後集卷第十九

東坡後集卷第二十

釋教二十五首

南華長老重辯師逸事一首

南華長老題名記一首

南安軍常樂院新作經藏銘一首

靈感觀音偈一首　湜長老真贊一首

清隱堂銘一首

觀世音菩薩頌一首

海月辯公真贊一首并引

錢塘佛者之盛，蓋甲天下。道德才智之士與妄庸巧僞之人雜處其間，號爲難齊。故於僧職正副之外，别補都僧正一員簿帳案牒奔走將迎之勞專責正副以下而都師領略其要實以行解表衆而已然亦通號為僧官故高舉遠引山栖絕俗之士不屑為之惟清通端雅外涉世而中遺物者乃任其事蓋亦難矣予通守錢塘時海月大師惠辯者實在此位神宇澄穆不見慍喜而緇素悅服予固喜從之游時東南多事吏治少暇而予方年壯氣盛不安厥官每往見師清坐相對時聞一言則百憂冰解形神俱泰因悟莊周所言東郭順子之為人人貌而天虛緣而葆真清而容物物無道正容以悟之使人之意也消蓋師之

謂也歟一日師卧疾使人請予入山適有所未暇旬餘乃往則師之化四日矣遺言須予至乃闔棺趺坐如生頂尚温也予在黄州夢至西湖上有大殿榜曰彌勒下生而故人辯才海月之流皆行道其間師沒後二十一年予謫居惠州天竺淨惠師屬參寥子以書遺予曰擅越許與海月作眞贊久不償此願何也予矍然而起為説贊曰

人皆趍世出世者誰人皆遺世世誰為之爰有大士處此兩間非濁非清非律非禪惟是海月都師之式庶復見之衆縛自脱我夢西湖天宫化城見兩天竺

宛如平生雲披月滿遺象在此誰其贊之惟東坡子

夢齋銘一首

至人無夢或曰高宗武王孔子皆夢佛亦夢夢不異覺覺不異夢夢即是覺覺即是夢此其所以為無夢也歟衛玠問夢於樂廣廣對以想曰形神不接而夢此豈想哉對曰因也或問因之說東坡居士曰世人之心　而有未嘗獨立也塵塵之生滅無一念住夢覺之間塵塵相授數傳之後失其本矣則以為形神不接豈非因乎人有牧羊而復者因羊而念馬因馬而念車因車而念蓋遂夢曲蓋鼓吹身為王公夫牧

羊之與王公亦遠矣想之所因豈足怪乎居士始與芝相識於夢中旦以所夢求而得之今二十四年矣而五見之每見輒相視而笑不知是處之為何方今日之為何日我爾之為何人也題其所寓室曰夢齋而子由為之銘曰

法身充滿處處皆一幻身虛妄所至非實我觀世人生非實中以寤為正以寐為夢忽寐所遇執寤所遭積執成堅如丘山高若見法身寤寐皆非知其皆非寤寐無為遨遊四方齋則不遇南北東西法身本然

十八大阿羅漢頌

蜀金水張氏畫十八大阿羅漢軾謫居儋耳得之民間海南荒陋不類人世此畫何自至哉久逃空谷如見師友乃命過躬易其裝標設燈塗香果以禮之張氏以畫羅漢有名唐末蓋世擅其藝今成都僧敏行其玄孫也梵相奇古學術淵博蜀人皆曰此羅漢化生其家也軾外祖父程公少時游京師還遇蜀亂絕粮不能歸困卧旅舍有僧十六人往見之曰我公之邑人也各以錢二百貸之公以是得歸竟不知僧所在公曰此阿羅漢也歲設大供四公年九十凡設二百餘供今軾雖不親覩其人而困厄九死之餘鳥言

卉服之間乃獲此奇勝豈非希闍之遇也哉乃各即其體像而窮其思致以為之頌

第一尊者結跏正坐蠻奴側立有鬼使者稽顙于前侍者取其書通之頌曰

月明星稀孰在孰亡煌煌東方惟有啓明咨爾上座及阿闍梨代佛出世惟大弟子

第二尊者合掌趺坐蠻奴捧槓于前老人發之中有琉璃缾貯舍利十數頌曰

佛無滅生通塞在人墻壁瓦礫誰非法身尊者斂手不起于坐示有敬耳起心則那

第三尊者扶烏木養和正坐下有白沐猴獻果侍者執盤受之頌曰

我非標人人莫吾識是雪衣者豈具眼隻方食知獻何愧於猿為語柳子勿憎王孫

第四尊者側坐屈三指荅胡人之問下有蠻奴捧函童子戲捕龜者頌曰

彼問云何計數以對為三為七莫有知者雷動風行屈信指間汝觀明月在我指端

第五尊者臨淵濤抱膝而坐神女出水中蠻奴受其書頌曰

形與道一道無不在天宮鬼府奚往而礙婉彼
奇女躍于濤瀧神馬尻輿攝衣從之
第六尊者右手支頤左手拊稺師子顧視侍者擇爪
而剖之頌曰
手拊雛猊目視爪獻甘芳之意若達于面六塵
並入心亦徧知即此知者爲大摩尼
第七尊者臨水側坐有龍出焉吐珠其手中胡人持
短錫杖蠻奴捧鉢而立頌曰
我以道眼爲傳法宗爾以願力爲護法龍道成
願滿見佛不作盡取玉函以畀思邈

第八尊者立滌而坐加肘其上侍者汲水過前有神人涌出于地捧槃獻寶頌曰

爾以捨來我以慈受各獲其心實則誰有視我如爾取與則同我爾福德如四方空

第九尊者食已襆鉢持數珠誦呪而坐下有童子構火具茶又有理筒注水蓮池中者頌曰

飯食已畢襆鉢而坐童子茗供吹籥發火我作佛事淵乎妙哉空山無人水流花開

第十尊者執經正坐有仙人侍女焚香于前頌曰

飛仙玉潔侍女雲耿稽首炷香敢問至道我道

大同有覺無脩豈不長生非我所求

第十一尊者趺坐焚香侍者拱手胡人捧凾而立頌曰

前聖後聖相喻以言口如布穀而意莫傳鼻觀寂如諸根自例孰知此香一炷千偈

第十二尊者正坐入定枯木中其神騰出于上有大蟒出其下頌曰

默坐者形空飛者神二俱非是孰為此身佛子何為懷毒不已願解此相問誰縛爾

第十三尊者倚杖垂足側坐侍者捧凾而立有虎過

前有童子捧匜而竊窺之頌曰

是與我同不噬其妃一念之差墮此鬚髯導師

悲愍爲爾攬轡款以爾猛烈復性不難

第十四尊者持鈴杵正坐誦咒侍者整衣于右胡人

横短錫跪坐于左有虬一角若仰訴者頌曰

彼髯而虬長跪自言特角亦求身脱怨存以無

言音誦無說法風止火滅無相仇者

第十五尊者須眉皓白袖手趺坐胡人拜伏于前蠻

奴手持拄杖侍者合掌而立頌曰

閲法寂先事佛亦久差然衆中是大長老新水

井臼老矣不能摧伏魔軍不戰而勝

第十六尊者横如意趺坐下有童子發香篆侍者注水花盆中頌曰

盆中浮紅篆煙繚青無問無荅如意自横點瑟既希昭琴不鼓此間有曲可歌可舞

第十七尊者臨水側坐仰觀飛鶴其一既下集矣侍者以手拊之有童子提竹籃取果實投水中頌曰

引之浩茫與鶴皆翔藏之幽深與魚皆沉大阿羅漢入佛三昧俯仰之間再拊海外

第十八尊者植拂支頤瞪目而坐下有二童子破石

榴以獻頌曰

植拂支頤寂然跏趺尊者所游物之初耶聞之

於佛及吾子思名不用處是未發時

跋尾

佛滅度後閻浮提衆生剛狠自用莫肯信入故

諸賢聖皆隱不現獨以像設遺言提引未悟而

峩眉五臺廬山天台猶出光景變異使人了然

見之軾家藏十六羅漢像每設茶供則化爲白

乳或凝爲雪花桃李芍藥僅可指名或云羅漢

慈悲深重急於接物故多現神變儻其然乎今

於海南得此十八羅漢像以授子由弟使以時修敬遇夫婦生日輙設供以祈年集福并以前所作頌寄之子由以二月二十日生其婦德陽郡夫人史氏以十一月十七日生是歲中元日題

藥師琉璃光佛贊一首 并引

佛弟子蘇籥與其妹德孫病久不愈其父過母范氏供養祈禱藥師琉璃光佛遂獲痊損其大父軾特為造畫尊像敬拜稽首為之贊曰

我佛出現時衆生無病惱世界悉琉璃大地皆藥草

我今衆稱孺仰佛如翁媪面順既圓平風末亦除掃弟子龠與德前世衲衣老敬造世尊像壽命仗佛保

廣州資福寺羅漢閣碑一首

衆生以愛故入生死由於愛境有逆有順而生喜怒造種種業展轉六趣至千萬劫本所從來唯有一愛更無餘病佛大醫王對病爲藥唯有一捨更無餘藥常以此藥而治此病如水救火應手當滅云何衆生不滅此病是導師過非衆生咎何以故衆生所愛無過身體父母有疾割肉刺血初無難色若復鄰人從其求乞一爪一髮終不可得有二導師其一清淨不

入諸相能知衆生生死之本能使衆生了然見知不生不死出輪回處是處安樂堪永依怙無異父母支體可捨而況財物其一導師以有爲心行有爲法縱不求利即自求名譬如鄰人求乞爪髮終不可得而況肌肉以此觀之愛吝不捨是導師過設如有人無故取米投坑穽中見者皆恨若以此米施諸鳥雀見者皆喜鳥雀無知受我此施何異坑穽而人自然有喜有愠如使導師有心有爲則此施者與棄何異以此觀之愛吝不捨非衆生咎四方之民皆以勤苦而得衣食所得毫末其苦無量獨此南越嶺海之民貿

遷重寶坐獲富樂得之也易享之也愧是故其人以
愧故捨海道幽險死生之間曾不容髮而況飄墮羅
刹鬼國呼號神天佛菩薩僧以脫須臾當此之時身
非己有而況財物實同糞土是故其人以懼故捨愧
懼二法助發善心是故越人輕施樂捨甲於四方東
莞古邑資福禪寺有老比丘祖堂其名未嘗戒也而
律自嚴未嘗求也而人自施人之施堂如物在衡損
益銖黍了然覺知堂之受施如水涵影雖千萬過無
一留者堂以是故創作五百大阿羅漢嚴淨寶閣涌
地千柱浮空三成壯麗之極實冠南越東坡居士見

聞隨喜而説偈言

五百大士栖此城南珠大貝皆東傾衆心回春栢再榮鐵林東來閣乃成寶骨未到先通靈赤蛇白璧珠夜明三十襲吉誰敢争層簷飛空俯日星海波不摇颶無聲天風徐來韻流鈴一洗瘴霧冰雪清人無南北壽且寧

靜安縣君許氏繡觀音贊一首

太岳之裔邑于靜安學道求心妙湛自觀觀觀觀世音凛不違顔三年之後心法自圓聞思脩王如日現前心識其容口莫能言發于六用以所能傳自手達鍼

自鍼達線爲鍼幾何巧歷莫筭鍼若是佛佛當千萬若其非佛此相昌縁孰融此二爲不二門拜手敬贊東坡老人

繡佛贊一首

凡作佛事各以所有富者以財壯者以力巧者以技辯者以言若無所有各以其心見聞隨喜禮拜讃歎曾未及彼一鍼之勞而其獲報等無有二若復縁此得度成佛則此繡者乃是導師

東莞資福堂老栢再生贊一首

生石首肯烘松肘回是心苟真金石爲開堂去栢枯

其留復生此栢無我誰為枯榮方其枯時不枯者存
一枯一榮皆方便門世人不聞瓦礫說法今聞此栢
熾然常說

補禪月羅漢賛九首

美很惡婉自昔所聞不圓其輔有圓者存現六極相
代衆生報使諸佛子具佛相好
聃耳屬肩綺眉覆顴佛在世時見此耆年開口誦經
四十餘齒時聞雷雹出一彈指
白氎在膝貝多在巾目視超然忘經與人面顱百皺
不受刀鑷無心掃除留此殘雪

右手扶杖左手拊右爲手持杖爲杖持手宴坐石上
安以杖爲無用之用世人莫知
兩眼方用兩手自寂用者注經寂者寄膝二法相忘
亦不相捐是四句偈在我指端
勞我者皙休我者黔如晏如岳鮮不僻淫是哀鮐它
澹臺滅明各妍于心得法眼正
善心爲男其室法喜背癢孰爬有木童子高下適當
輕重得宜使眞童子能如茲乎
佛子三毛髮眉與湏既芸其二一則有餘因以示衆
物無兩遂既得無生則無生死

捧經持珠杖則倚肩植杖而起經珠乃閑不行不立不坐不卧問師此時經杖何在

談妙齋銘一首

南華老明端静簡潔浮雲掃盡但挂孤月吾宗伯固通亮英發大圭不琢天驥超絶室空無有獨設一榻空毗耶城奔走竭蹶二士共談必説妙法彈指千偈卒無所説有言皆幻無起不滅問我何為鏤冰琢雪人人造語一一説法孰知東坡非問非荅

南華長老重辯師逸事一首

契蒿禪師常瞋人未嘗見其笑海月慧辯師常喜人

未嘗見其怒予在錢塘親見二人皆趺坐而化嵩既茶毗火不能壞益薪熾火有終不壞者五海月比葬面如生且微笑乃知二人以瞋喜作佛事也世人視身如金玉不旋踵為糞土至人反是予以是知一切法以愛故壞以捨故常在豈不然哉予還嶺南始識南華重辯長老語終日知其有道也予自海南還則辯已寂久矣過南華弔其衆問塔墓所在衆曰我師昔作壽塔南華之東數里有不悅師者葬之別墓既七百餘日矣今長老明公獨奮不顧發而歸之壽塔改棺易衣舉體如生衣皆鮮芳衆乃大服東坡居士

曰辯視身為何物棄之尸陀林以飼烏烏何有安以壽塔為明公知辯者特欲以化服同異而已乃以茗果奠其塔而書其事以遺其上足南華塔主可興師

時元符三年十二月十九日

南華長老題名記一首

學者以成佛為難乎累土畫沙童子戲也皆足以成佛以為易乎受記得道如菩薩大弟子皆不任問疾是義安在方其迷亂顛倒流浪苦海之中一念正真萬法皆具及其勤苦功用為山九仞之後毫釐差失千劫不復嗚呼道固如是也豈獨佛乎子思子曰夫

婦之不肖可以能行焉及其至也雖聖人亦有所不能焉孟子則以為聖人之道始於不為穿窬而穿窬之惡成於言不言人未有欲為穿窬者雖穿窬亦不欲也自其不欲為之心而求之則穿窬足以為聖人可以言而不言不可以言而言雖賢人君子有不能免也因其不能免之過而遂之則賢人君子有時而為盜是二法者相反而相為用儒與釋皆然南華長老明公其始蓋學於子思孟子者其後棄家為浮屠氏不知者以為逃儒歸佛不知其猶儒也南華自六祖大鑒示滅其傳法得眼者散而之四方故南華為

律寺至吾宋天禧三年始有詔以智度禪師普遂住持至今明公蓋十一世矣明公告東坡居士曰宰官行世間法沙門行出世間法世間即出世間等無有二今宰官傳授皆有題名壁記而沙門獨無有紉吾道場實補佛祖處其可不嚴其傳子為我記之居士曰諾乃為論儒釋不謀而同者以為記建中靖國元年正月一日

南安軍常樂院新作經藏銘一首

佛以一口而説千法千佛千口則為幾説我法不然非千非一如百千燈共照一室雖各徧滿不相壞雜

咨爾學者云何覽閱自非正眼表裏洞達已受將受
則相陵奪惟囘屢空無所不悅是名耳順亦號莫逆
以此轉經有轉無竭道人山居僻介楚越常樂我靜
一食破衲達磨耶藏勤苦建設我無一錢檀波羅密
施此法水以灌爾睫

靈感觀音偈一首 并引

或問居士佛無不在云何僧榮所常供養觀世音像
獨稱靈感居士答言譬如靜夜天清無雲我目無病
未有舉頭而不見月今此畫像方其畫時工適清淨
又此僧榮方供養時秉心端嚴不入諸相無有我人

衆生壽者則觀世音廓然自現爾時居士作此言已心開形解隨其所得而説偈言

夫物芸芸各廾其英為天蒼蒼為日月星無在不在容光則明矧我大士淵兮淨神妙湛生光積光為形亭亭空中靡所倚憑眷此幻身如鬼如坻生則圉物軒昂權衡地所不載而能空行滅則蕩空附離四生不可控摶矧此亭亭涕淚請救摶頰頓纓如月下照著心寒清不因脩為得法眼淨碎身微塵莫報聖靈

湜長老眞贊一首

道與之貌天與之形雖同乎人而實無情彼眞清隱

何殊丹青日照月明雷動風行夫孰非幻忽然而成
此畫清隱可謁兩晴

清隱堂銘一首

已去清隱而老崇慶崇慶亦非何者為正清者其行
隱者其言非彼非此亦非中間在清隱時念念不住
今者何人補清隱處八萬四千劫火洞然但隨他去
何處不然

觀世音菩薩頌一首 并引

金陵崇因禪院長老宗襲自以衣鉢造觀世音像極
相好之妙予南遷過而禱焉曰吾北歸當復過此而

為之頌建中靖國元年五月　日自海南歸至金陵

乃作頌曰

慈近乎仁悲近乎義忍近乎勇憂近乎智四者似之

而卒非是有大圓覺平等無二無冤故仁無親故義

無人故勇無我故智彼四雖近有作有止此四本無

有取無匱有二長者皆樂檀施其一天富千金日費

其一甚貧百錢而已我說二人等無有異吁觀世音

淨聖大士徧滿空界挈攜天地大解脫力非我敢議

若其四無我亦如此

東坡後集卷第二十